AF224485

OBSERVATIONS CRITIQUES

SUR LE

RAPPORT DE M. JOUFFROY.

OBSERVATIONS CRITIQUES

SUR LE

RAPPORT DE M. JOUFFROY

RELATIF

A L'EMPRUNT DE DIX MILLIONS,

ET RÉFLEXIONS

Sur les dangers de l'alliance anglaise dans la question d'Orient.

PARIS,

IMPRIMERIE ÉVERAT ET COMPAGNIE,

14 ET 16, RUE DU CADRAN.

1859.

OBSERVATIONS CRITIQUES

SUR LE

RAPPORT DE M. JOUFFROY

RELATIF A L'EMPRUNT DE DIX MILLIONS.

En France, depuis les choses les plus légères jusqu'aux plus graves, tout est soumis à l'empire de la mode ; et voilà pourquoi nous sommes accusés de légèreté par toutes les autres nations ; voilà pourquoi certains peuples hésitent à faire alliance avec nous, tandis que c'est une raison pour d'autres, qui profitent de notre légèreté pour nous engager inconsidérément dans des entreprises hasardeuses, dont ils ont toujours le profit, et nous les pertes. Les Français savent raisonner, mais la réflexion les tue ; admirables dans l'attaque, ils ne valent rien pour la résistance. Ce sont des enfants généreux qui poussent à l'excès le sentiment de l'abnégation. Est-ce un défaut, est-ce une qualité ? Nous ne savons trop ; mais nous pensons néanmoins qu'il serait bon de modérer ce sentiment eu égard à la différence des temps. Nous pensons qu'il serait bien d'essayer si, amis ou ennemis, nos adversaires pourraient nous montrer un peu de ce sentiment dont nous avons été si prodigues à leur égard. L'occasion qui se présente est très-belle. Nous allons voter dix millions pour augmenter nos armements maritimes dans la Méditerranée : soit. Mais dans quel but ? est-ce pour imposer à Mahmoud ou à Méhémet la continuation du *statu quo* ? Mais à quoi bon, si ce *statu quo* ne les empêche pas de mettre l'Europe sens dessus dessous, chaque fois qu'il leur prendra fantaisie de le rompre? Ou, est-ce pour aller, à la suite des vaisseaux anglais, parader en face des vaisseaux russes pour faire de ces menaces qui n'ont jamais d'effet? En un mot, est-ce pour faire d'inutiles et dispendieuses évolutions, ou pour créer un nouvel état de choses en Orient, que nous allons armer une flotte si considérable? Voilà ce qu'il importe de savoir.

A voir le dépourvu dont paraissent être surpris tous nos hommes d'état, on serait tenté de croire qu'il n'existe pas en France un seul homme politique qui ait des idées bien arrêtées sur la question d'Orient. Le gouvernement nous dit bien qu'il veut conserver l'intégrité de l'empire ottoman; mais ne voyons-nous pas tous les gouvernements tenir le même langage? qui donc alors menace cette intégrité? sait-on bien ce qu'on entend par intégrité de l'empire ottoman? ou qu'est-ce que l'empire ottoman aujourd'hui? Il nous semble qu'il n'y a pas vingt ans encore, outre l'Anatolie et la Romélie, cet empire se composait encore de la Grèce, de l'Égypte et de toutes les côtes comprises entre les deux océans. On n'avait même pas l'habitude de lui contester une espèce de suzeraineté jusque sur les nations perdues dans les sables de l'Afrique. Mais voilà qu'en quelques années cet empire s'est vu tout à coup séparé de ses possessions d'Afrique, et nous croyons bien que c'est pour toujours. Aujourd'hui il n'y a plus de Turcs sur le sol africain ; il n'y a plus que des Arabes, avec les restes d'anciens habitants, qui commencent à se montrer çà et là à mesure que la civilisation les touche de son doigt vivifiant. Au reste, toutes les provinces africaines, y compris l'Égypte, n'étaient que des espèces de fiefs sur lesquels la Porte n'avait qu'une souveraineté précaire et fort contestée. Restent les provinces d'Europe et d'Asie. Voilà, à proprement parler, la Turquie et rien de plus, et déjà en Europe le contact dissolvant de la civilisation en a détaché la Grèce, la Servie, la Valachie; de sorte qu'en Europe, aussi bien qu'en Afrique, on voit de toutes parts se détacher les lambeaux de cette monarchie, vieillie avant le temps, et qui s'en va justement quand nous travaillons à la retenir. Aujourd'hui nous avons l'air d'être d'accord pour conserver quelque chose ; mais vienne un motif sérieux de désunion, et l'on verra le reste s'écrouler avec d'autant plus de rapidité. Du côté de l'Asie, même décadence. Entamée par les Russes en Arménie, menacée par les Persans qui font revivre d'anciens droits sur Bagdad, nous voyons encore s'avancer la puissance anglaise, qui veut tenter sur l'Euphrate ce qui lui a fort bien réussi sur les bords du Gange : ce projet, loin d'être chimérique, est, au contraire, fort réalisable. Il n'y a personne pour les arrêter. Maîtres de la navigation, c'est par les fleuves qu'ils pénètrent les continents, comme le choléra.

On nous permettra de le dire, le rapport de M. Jouffroy ne proclame absolument rien de nouveau, n'indique rien de neuf. Cependant nous allons l'examiner, et, à son occasion, présenter quelques réflexions sur les affaires d'Orient.

M. Jouffroy nous dit que la commission a été unanime pour accorder le crédit de dix millions. C'est toujours ainsi que les choses se passent en France. Lorsqu'il s'agit de quelque gloire à acquérir, les ministres sont toujours certains d'obtenir leur demande.

La commission signale la faiblesse et l'extrême abaissement de notre marine ; et nous ne voyons là rien d'étonnant, puisque nous ne pouvons augmenter nos vaisseaux sans la permission de l'Angleterre. Mais quoi ! l'on vient nous dire que huit à neuf vaisseaux suffiront pour rétablir l'équilibre entre nous et les autres puissances, et au même instant l'on nous annonce que l'Angleterre a neuf vaisseaux, auxquels va se joindre une nouvelle flotte, et l'on appelle cela se montrer son égale dans la Méditerranée ! La France avec huit à neuf vaisseaux, en face de l'Angleterre qui va en avoir quinze, de la Russie qui en a vingt, la Turquie douze ou quinze, et l'Égypte à peu près autant : à moins que nos vaisseaux ne soient chacun trois fois aussi forts que ceux des autres puissances, nous ne voyons pas là une force égale. Est-ce à dire qu'ils seront augmentés? Oui, de quelques frégates et d'un ou deux vaisseaux, ce qui n'empêchera pas la flotte française d'être encore inférieure en nombre. Mais s'il s'agit d'en envoyer un plus grand nombre, il faudra recourir à un autre emprunt. S'imaginerait-on par hasard arrêter le mouvement des armées de terre au moyen de quelques navires? Mais cela n'est nullement praticable en Orient, où tout se décide sur terre, et où les armées ne puisent pas leurs moyens d'action aux mêmes sources que les nôtres. Ira-t-on s'emparer de Constantinople ou d'Alexandrie? Mais au nom de qui et pourquoi faire, et quelle est la puissance qui oserait ainsi envahir pour intervenir? On ne prendra donc pas les deux capitales, et on les brûlera encore moins.

Vous paraissez préoccupés de ce que la Russie tient une marine militaire dans la mer Noire. Quoi de plus simple? n'a-t-elle pas là ses principaux ports, ses premiers arsenaux? enfin, elle est chez elle. Et, à moins de se faire céder par la Turquie l'autre moitié des ports de la mer Noire, on ne voit pas trop comment il serait possible d'entretenir sur cette mer autant de vaisseaux que la Russie elle-même.

L'honorable rapporteur nous dit que la commission a longuement examiné et étudié les phases du *statu quo*, et cependant nous ne nous en apercevons guère. Dans son rapport, qui n'est qu'un résumé succinct de tout ce qu'en ont écrit les journaux, on nous dit qu'il importe que le public se préoccupe plus qu'il ne l'a fait jusqu'ici de nos affaires extérieures. Que veut-on dire par là? faut-il que le peuple, assemblé en forum, dicte leur conduite à nos diplomates, comme cela se faisait chez les républiques d'autrefois? ou prétend-on faire la critique de la chambre? Il est vrai que si jamais assemblée populaire n'a eu autant de liberté d'initiative, jamais aussi l'on a autant cherché à entraver son action. Nous craignons que ce nouvel appel ne soit aussi tardif que les autres. Depuis dix ans on s'efforce de tenir l'attention du pays constamment attachée sur les affaires intérieures : la France n'y a gagné que des incertitudes, tandis que son influence extérieure y a perdu considérablement. La manière dont l'honorable rapporteur engage le pays à montrer plus de sollicitude pour ses grands intérêts nous semble une épigramme ; car on pourrait en inférer qu'il s'est un peu trop occupé d'intérêts qui n'étaient pas directement siens. Si, en effet, le pays avait été consulté lors des affaires de Belgique, par exemple, nous n'aurions pas un préfet anglais à nos portes ; nous n'aurions pas surtout la douleur de voir l'œuvre de plusieurs de nos souverains anéantie en Espagne. Car sait-on pourquoi le grand roi a été forcé de guerroyer pendant tout son règne ? C'était pour éloigner de l'Espagne et de l'Italie l'influence anglo-autrichienne ; c'était pour rendre autant que possible la Méditerranée un lac français.

Que dirait Louis XIV s'il voyait l'Angleterre fermant à nos vaisseaux la porte de cette mer, et prenant à Saint-Sébastien une position qui lui permettra de rêver à son aise une nouvelle conquête de nos provinces méridionales ?

Cependant nous pensons aussi que le gouvernement doit prendre l'initiative et ne point se laisser décourager par la légèreté ou la distraction du pays ; mais, d'un autre côté, nous n'admettons pas entièrement l'opinion de la commission , et nous disons que le parlement doit quelquefois imposer au pouvoir exécutif la ligne de politique à suivre dans les affaires extérieures, aussi bien que dans celles d'intérieur. Car s'il se bornait toujours à conseiller ou à contrôler, il pourrait arriver certains cas où le gouvernement, soit faiblesse, soit ignorance, soit tout autre motif, ne prenne aucune décision importante là où précisément il faudrait de la vigueur. Or, de l'aveu de tout le monde, le gouver-

-nement français a manqué de vigueur en des occasions impor-
tantes depuis la révolution de juillet. La pondération des pouvoirs
nous paraît une trop belle chose (quand ils peuvent s'accorder),
pour que nous conseillions à la chambre d'usurper des prérogatives
qui ne lui appartiennent pas. Mais nous voulons qu'elle nous
fasse sortir de cette torpeur intérieure dans laquelle nous nous
consumons depuis tantôt dix ans.

En un mot, nous croyons qu'il est temps qu'on nous débar-
rasse de ce juste-milieu anglais qui étouffe notre caractère na-
tional. M. Jouffroy voudrait que notre chambre ait la même influence dans les affaires du gouvernement, que celle qu'obtient
le parlement britannique. M. Jouffroy nous paraît commettre une
autre erreur. Encore une fois, nous sommes déjà trop anglomani-
sés ; et d'ailleurs, la chambre des députés, composée d'éléments
essentiellement démocratiques, a, sur l'initiative des affaires,
précisément le même rôle que la chambre des pairs en Angleterre. Or, il faut le dire, l'aristocratie possédant parfaitement
les affaires, y apporte un tact, une habileté pratique, que notre
chambre démocratique n'a pas encore atteint : le patriotisme des
lords est tout autre que celui de nos députés. En Angleterre un
ministre ne saurait achever de se tromper, tandis qu'en France
on a toujours été obligé de payer les bévues que nos ministres
ont eu tout le loisir de commettre.

Après avoir fait une analyse historique très-abrégée de la crise
orientale, le rapport s'appesantit sur les prétendus succès de nos
démarches auprès des deux adversaires. Mais tout le monde sait
qu'Ibrahim n'a cédé qu'à la présence des baïonnettes russes, et
que, sans leur arrivée, Mahmoud eût été renversé du trône. Il y
tenait si peu, que le vice-roi se fût trouvé possesseur tranquille
de tout l'empire avant l'arrivée des premières troupes européennes. D'un autre côté, Mahmoud lui-même appréciait si bien la
valeur de nos promesses, ou de nos menaces, que c'est à l'abri

de ces mêmes promesses qu'il concluait avec la Russie un traité qui la rendait maîtresse du Bosphore. Ainsi, le pacha, qui sait fort bien qu'une victoire ne suffit plus pour gagner un empire, avait obtenu ce qu'il voulait : prouver sa supériorité matérielle et morale sur le sultan. Voici la seule chose que le rapport nous présente d'une façon nouvelle. Jusqu'à présent on avait cru au traité de Kutahié, mais voilà qu'on nous dit que ce n'est plus un traité, pas même une convention ; c'est un arrangement des plus simples et tellement fragile, qu'il dépend entiè rement de la Porte de le faire cesser à l'instant. Nous pensons, nous, que le sultan lui-même ne le considère pas ainsi, et le savant professeur devrait savoir que les traités ne se pratiquent guère autrement en Orient, et qu'ils n'en sont pas moins religieusement observés, aussi longtemps du moins que le veut la nécessité : absolument comme chez nous.

Venons au traité d'Unkiar. On savait déjà, et le rapport le prouve encore, que ce traité doit son existence à l'espèce d'abandon dans lequel les autres puissances ont laissé la Porte au moment critique. C'est contre ce traité surtout que se dressent tous les griefs de l'école anglaise, et nous regrettons que le rapport ne fasse pas mention du passage tant incriminé.

Par un article secret du traité, la Turquie s'engage à fermer le Bosphore aux vaisseaux de guerre de toutes les nations ; mais quoique cet article donne à entendre que c'est en temps de guerre, il n'en est pas moins fort obscur. Cette disposition est d'un avantage incalculable pour la Russie, puisque, au moyen de la fermeture du Bospore, sa frontière méridionale échappe à toute attaque des puissances étrangères, l'Autriche exceptée. Mais il est aisé de voir que cette disposition indique l'Angleterre comme étant la seule puissance capable de bouleverser les portes russes de la mer Noire, et de prêter un appui efficace à de formidable insurrections. A considérer la position des parties, il est impossible de ne pas reconnaître qu'elles étaient parfaitement dans leurs droits, et que, dans l'occasion, les autres puissances n'eussent pas manqué d'en faire autant. Quoi qu'il en soit des protestations faites contre ce traité, on le respecte, parce qu'il a été régulièrement fait et qu'il ne blesse actuellement aucune des autres puissances. Nous croyons l'Angleterre trop méticuleuse pour oser l'attaquer ouvertement, et puisqu'il ne pourrait être détruit qu'au prix d'une guerre universelle, il est probable qu'il mourra de sa belle mort.

Après la convention d'Unkiar, l'acte diplomatique le plus important qui ait eu lieu en Orient, c'est certainement le traité de commerce négocié par l'Angleterre, signé entre cette puissance et la Porte, le 16 août 1838 ; entre la Porte et la France, le 23 novembre suivant. C'est une réponse de l'Angleterre au traité d'Unkiar, en attendant mieux, avec cette différence cependant, que le traité d'Unkiar était purement militaire et temporaire, tandis que l'autre a une bien plus longue portée et est destiné à durer indéfiniment. Comme la politique et le commerce sont des choses inséparables dans les vues de la Grande-Bretagne, le traité du 16 août suffisait largement à ces intérêts. On sait que ce traité avait pour but d'ouvrir une large voie aux relations commerciales de l'Europe avec l'Asie, en abolissant les nombreux tarifs particuliers dont les autorités faisaient un monopole si abusif, pour les réduire à un système de perception uniforme et légale ; c'est une réforme radicale qui a soulevé bien des murmures de la part des Musulmans, habitués de temps immémorial à vivre d'irrégularités.

Ce traité avait encore un autre but dont on espérait merveille ; c'était de réduire le vice-roi à un dilemme que l'on croyait un chef-d'œuvre. Car, disait-on, ou le vice-roi acceptera et alors il sera forcé d'abdiquer, puisque toute son existence repose sur un monopole universel ; ou bien il résistera et alors ce sera à l'Angleterre à se charger du châtiment. On voit tout de suite dans quel embarras nous eût mis l'Angleterre qui ne pouvait manquer de se substituer au pacha. Mais celui-ci qui a fort bien compris les vues de l'Angleterre, s'est empressé de se soumettre au traité. Ainsi de ce côté encore les calculs de la politique anglaise ont été déjoués. Seulement il en est résulté une très-grande perturbation dans les transactions commerciales, et les négociants anglais qui sur l'assurance des lords Ponsonby et Palmerston, s'étaient hâtés d'expédier d'énormes quantités de marchandises, sont contraints de les laisser en magasin.

On a donc bâti sur le sable, parce que l'on a traité la question commerciale avant la question politique, qui était bien plus urgente, et que tout indiquait d'abord. Les premiers besoins du commerce sont la paix et la tranquillité, et nulle part, comme en Orient, les esprits ne sont autant préoccupés de l'attente de grands événements; c'est au point qu'aucun négociant de ces contrées n'a voulu faire de transactions avec les négociants européens. Sous le rapport de l'opportunité, le traité de commerce est une faute grave. Le gouvernement anglais qui s'était emparé des idées françaises, voulut se les approprier en précipitant l'époque de leur maturité; le gouvernement français s'est rendu complice de cette faute, comme il arrivera toutes les fois qu'en allié trop bénévole, il voudra bien s'effacer pour la plus grande gloire et profit de l'Angleterre.

Nous arrivons à la seconde partie du rapport, à celle qui traite de l'avenir politique oriental. Dirons-nous que le rapport manque de vigueur et que l'on n'indique aucune vue nouvelle pour éclairer la chambre? L'honorable rapporteur retombe dans le vague impuissant reproché à tous nos hommes politiques actuels. Nous ferons remarquer en passant, que jamais la France n'a eu un tel besoin d'hommes politiques de l'école de Richelieu, sous Louis XIII, de Mazarin, sous Louis XIV; celle de Broglie, sous Louis XV n'existe plus, et c'est un malheur pour la France. Napoléon qui en sentait la nécessité, voulut la relever; qu'est-elle devenue? Aujourd'hui nous avons celle de Talleyrand, patriote équivoque, politique de l'école anglaise; école anti-nationale s'il en fut!

Nous savons que l'action du cabinet doit être libre, et qu'il serait dangereux de la limiter dans certains cas. Mais n'est-ce pas pour avoir abusé de ce respect bannal que nous avons si peu avancé nos affaires extérieures depuis 1830? Vit-on jamais un si grand nombre de ministres des affaires étrangères en un si court espace de temps? Il nous semble que l'essai n'a pas été heureux; et qu'il serait temps de rechercher les causes qui ont paralysé les efforts de tant d'hommes distingués. Le rapport a beau mettre en avant la responsabilité ministérielle, il faut que le règne de cette déception finisse. Depuis dix ans, des ministres ont fait des fautes, et nous ne voyons pas qu'ils aient été arrêtés le moins du monde par leur responsabilité. Ce n'est qu'un vain mot, qui, loin de stimuler le patriotisme de nos hommes d'état, ne sert qu'à couvrir leur faiblesse et leur médiocrité.

Nous n'admettons pas entièrement, avec l'honorable rapporteur, que l'existence d'un empire ottoman soit le palladium de l'équilibre européen. Quoi qu'on fasse en Orient, on ne réussira pas à créer rien de durable, parce que le terrain y manque de bases solides; parce qu'il faudrait y créer, comme d'un jet, un état social nouveau. Jamais il n'a été donné à l'homme d'arrêter la mort des sociétés lorsque la Providence a marqué le terme de leur existence. Or la société musulmane a vécu. Elle s'éteint rapidement, et les preuves en sont trop connues et trop nombreuses pour qu'il soit besoin de les rappeler. Toutes les fois qu'une société s'en va, elle est remplacée par une autre qui s'établit sur ses ruines, quelquefois avec ses débris, mais toujours avec des conditions sociales essentiellement différentes.

Vous parlez beaucoup de maintenir l'intégrité de l'empire ottoman, et vous ne voyez pas que tous vos efforts hâtent sa ruine. Nous vous l'avons déjà dit, vous ne comprenez pas votre œuvre. On vous trompe de date; vous croyez, comme il y a quinze ans, que la vaste monarchie des Osmanlis s'étend encore de l'Adriatique à la mer Caspienne, et des colonnes d'Hercule aux extrémités de l'Arabie. Voyez plutôt ce qui s'est passé depuis un petit nombre d'années. En Europe, vous lui avez enlevé la Grèce, la Servie, la Valachie, et l'Albanie ne tient qu'à un fil; de sorte que la Turquie d'Europe est réduite à la Romélie propre, ou à l'ancienne Thrace. En Asie, elle a perdu les provinces caucasiennes, sur lesquelles elle n'avait que des droits fort douteux; la vaste péninsule arabique ne reconnait plus sa suprématie, et avec elle le prestige du berceau de sa religion lui échappe. La Syrie est apprise à secouer le joug des sultans, et toute l'immense étendue des côtes africaines le repousse. La race turque y a disparu pour faire place partout à la race arabe. Tout cela est fait d'hier. Jamais conquérant n'a ramassé autant de provinces pour en former un empire qu'il s'en est détaché de la Turquie dans un aussi court espace de temps.

On parle des droits de la Turquie sur ces contrées; c'est une dérision. Les droits de la Turquie sont partout écrits avec du sang; la plume des descendants de Mahomet, c'est le cimeterre: mais leurs parchemins n'existent pas. Ils savent si bien que leurs droits n'ont d'autres bases que la durée de la force brutale, qu'ils avouent eux-mêmes qu'ils ne sont que campés en Europe. Mais il s'agit bien d'autre chose. Aujourd'hui la peur et la jalousie gouvernent le monde, et c'est parce que chacun convoite une part dans l'héritage de Mahomet, pressé, étouffé de tous côtés par la civilisation, que chacun craint de le faire paraître. Mais on a bien protocolisé l'Ouest, si l'on tentait l'effet des protocoles sur l'Orient? Eh bien! essayez, et vous verrez, au levant comme au couchant, 'écrouler tout ce travail de protocoles au premier coup de canon d'une guerre européenne. C'est en vain que la jalousie anglaise a voulu conserver sous une forme nouvelle les barrières élevées au nord de la France par la sainte-alliance ; c'est en vain qu'elle veut essayer du même système en d'autres lieux, elle ne fait que retarder l'effet de certaines lois d'attraction.

Le plus grand danger de l'Orient, selon l'honorable rapporteur, est que la Turquie ne devienne la proie d'une autre puissance. Eh ! sans doute ; mais qui vous dit que le gâteau ne sera pas partagé. Ici les termes du rapport se perdent dans le vague des insinuations : est-ce un tort ? Veut-il parler de l'Égypte, dont l'Angleterre a une soif si ardente ? ou, prétend-il parler de la possibilité d'une prise de possession de Constantinople par la Russie ? Pour peu que l'on connaisse la Russie et le souverain qui la gouverne, on sera convaincu que cette prise de possession serait pour elle un véritable embarras. En effet, que pourrait-on faire de Constantinople sans la Romélie et l'Anatolie ? Or c'est cependant par la conquête de ces provinces qu'il faudrait commencer, pour asseoir à Constantinople une souveraineté quelque peu durable. Il y a en Russie une noblesse moscovite pur sang, fort nombreuse et puissante, dont l'influence prédomine dans le centre de l'empire. Cette noblesse est entièrement opposée à la conquête de Constantinople, parce qu'elle sait que le centre du gouvernement, une fois transporté à Constantinople, passerait aux mains des étrangers, et serait une cause certaine de dissolution. En effet, toute tentative de la Russie pour s'établir sur les rives du Bosphore ne peut qu'affaiblir l'unité de l'empire, et, par un déplacement inopportun, préparer les voies à une scission inévitable. C'est un danger pour la Russie, elle le connaît, et sous ce rapport elle ne voudra que ce qui est juste et possible.

Il ne suffit donc pas de déclamer contre l'ambition russe et de la représenter comme un gouffre prêt à tout absorber. Il faut se rendre compte des lieux, des circonstances, et surtout des affinités sociales et politiques. D'ailleurs, on croira difficilement que la Russie, dont la population européenne est de quarante millions d'individus , soit jamais capable de faire la loi aux cent quatre-vingts millions qui forment le reste de l'Europe, et ayant sur elle l'avantage des positions et d'une civilisation bien autrement avan-cée. Encore une fois, la Russie sait tout cela, et elle ne peut que vouloir ce qui est juste et possible ; il est donc inutile de s'y ar-rêter davantage. Ajoutons cependant un mot : de toutes les puissances intéressées dans la question d'Orient , la Russie est la seule qui ait prouvé efficacement qu'elle veut conserver l'inté-grité de l'empire ottoman ; des traités l'y engagent , et elle exécutera les traités, fût-ce à son détriment.

La seconde partie du rapport de M. Jouffroy est entachée du péché habituel des conceptions françaises. Il veut que nous éta-blissions à Constantinople un gouvernement façonné au caprice et selon les intérêts de l'Europe pour y fonctionner à tout jamais d'après telles ou telles règles. Convenons que là comme ailleurs le raisonnable seul doit être tenté, et que tout le reste est de pure utopie.

Nous savons tout l'effet que peuvent produire aujourd'hui les grands mots de civilisation et de liberté. Mais qui donc tient en ses mains la destinée de ces deux biens si précieux à l'humanité, et qu'elle est leur signification ? Si par liberté on entend la faculté commune à tous les hommes d'exprimer leurs besoins et d'y pour-voir dans les limites tracées par la loi naturelle perfectionnée , nous dirons que les états les plus despotiques sont déjà en partie soumis à cette influence, et que bientôt ils la subiront dans toutes ses conséquences. Quant à l'avenir de la civilisation , il ne dé-pend pas plus des intérêts d'une coterie que des caprices d'un souverain ; d'ailleurs il n'est aucun pays qui ne fasse toute es-pèce d'efforts pour s'en approprier les bienfaits , et sous ce rap-port la Russie n'est pas une des moins avancées.

Les conclusions du rapport tendent à détruire pacifiquement

le *statu quo* actuel pour reconstituer l'Orient sur les bases d'un autre *statu quo* tout aussi fragile ; mais le grand défaut de ce rapport est de montrer le danger sans indiquer le moyen de l'éviter. On indique bien une espèce de congrés de toutes les puissances pour faire un arrangement à l'instar de celui qui vient à peine d'être terminé entre la Hollande et la Belgique. Mais le sultan est cent fois plus entêté que Guillaume ; le vice-roi est un homme d'une autre trempe que Léopold, et combien d'autres différences plus grandes encore !

Pour nous, qui raisonnons d'après des données tout à fait différentes, nous laisserons la diplomatie courir après les événements pour ramasser les faits accomplis, et tâcher d'en bâtir des systèmes. Nous en parlerons donc assez légèrement. Toutefois, sans vouloir nous donner un air de prophète, nous partirons des mêmes faits accomplis pour arriver à un autre ordre de faits que l'on craint d'aborder, ou que l'on dédaigne, tant l'on nous a façonnés depuis dix ans à vivre au jour le jour.

Suivant nous la question d'Orient est des plus complexes. Toutes les analogies qu'on cherche à en déduire pour la mettre au niveau de nos questions européennes sont fausses ou très-éloignées. Cependant on ne peut nier que la force des choses n'ait mis entre les mains de la Russie le même rôle précisément qui nous était échu dans l'affaire hollando-belge. L'Autriche y tient la même place qu'avait alors la Prusse vis-à-vis de la Belgique ; et les deux autres puissances, c'est-à-dire la France et l'Angleterre, ne s'y présentent que sur l'arrière-plan.

Les faits dont l'Orient est devenu le théâtre ne sont que le développement des prémisses posées par la révolution française, dont un des brillants épisodes fut l'expédition d'Égypte; expédition sans pareille dans les annales des peuples, et dont celle d'Alexandre ne serait qu'un pâle reflet. C'est, depuis les croisades, la plus forte apparition de l'Europe sur l'Orient. Jusqu'à cette époque, la réaction de l'Europe sur l'Orient s'était fait sentir par degrés et presque timidement. Mais la révolution française, en jetant sur ces plages mystérieuses une armée de héros et de savants, et conduite par un génie sans égal, a renversé le mur qui séparait la barbarie de la civilisation. Ces prémisses une fois posées, il restait à en tirer les conséquences, et quelles magnifiques conséquences ! Tout ce vieux monde, guidé par le génie rénovateur de la France, déchirait le voile de barbarie et de misères qui le couvrait depuis tant de siècles, pour renaître à de nouvelles et brillantes destinées. Et pour la France, que de flots de prospérité et de gloire ajoutées à tant d'autres ! Mais notre mauvais génie, l'Angleterre était là pour nous arracher les fruits d'un travail si légitime et si beau. L'Angleterre pourra-t-elle jamais nous donner l'ombre d'une compensation pour tout ce qu'elle nous a fait perdre? et si elle le pouvait, le voudrait-elle? qu'on ose prononcer !

Quelques années plus tard les Anglais voulurent nous remplacer. Mais, repoussés par les populations et par les gouvernements, ils furent contraints de capituler honteusement. Combien de fois depuis cette époque les Anglais ne se sont-ils pas repentis de n'avoir pas fait de plus grands efforts pour se maintenir dans cette position auxquels les événements actuels donnent tant d'importance, et qui, entre les mains de l'Angleterre, deviendrait la première du globe? Dans les nombreux griefs dont on nous assourdit chaque jour sur l'ambition désordonnée de la Russie, personne ne s'est avisé de dire qu'elle convoitait l'Égypte. Sans doute la Russie est ambitieuse; mais les autres puissances sont-elles plus désintéressées? Mais laissons pour un moment ces accusations pour jeter un coup d'œil sur les influences qui prédominent ou prédomineront bientôt en Orient.

On reconnaît généralement que le conflit actuel entre le sultan et le vice-roi ne peut guère avoir d'autre solution qu'une transaction volontaire ou forcée. On reconnaît, en outre, qu'une telle solution ne peut être qu'un ajournement, qu'un temps d'arrêt pendant lequel on se préparera des deux côtés à une nouvelle guerre. Toutes les voies que l'on voudrait essayer pour sortir de cette embarrassante question présentent si peu de chances de durée, que l'on en est venu à dire que la mort des deux champions n'ajouterait rien aux embarras qui hérissent la question d'Orient. C'est que la question est déplacée, et qu'elle est déjà portée sur le terrain de deux grands intérêts rivaux : ce sont les intérêts diamétralement opposés de l'Angleterre et de la Russie. Un peu plus tôt, un peu plus tard, il faudra que ces intérêts viennent se placer sur le premier plan pour se livrer un combat mortel. Les témoignages d'amitié réciproques, les protestations de vouloir s'entendre sur telle ou telle question, sont des lieux communs à l'usage de gens bien élevés, mais qui sont impuissants à concilier des éléments contraires. Les gouvernements savent bien qu'ils ne peuvent tout au plus que retarder la lutte. Le gouvernement turc, habillé à l'européenne, et préoccupé de trop de réformes à la fois, sera surpris au milieu de la lutte, et ne saura quel parti prendre en face de la tempête qui viendra fondre sur lui de tous côtés. Soit qu'il se déclare pour l'une ou pour l'autre des parties, soit qu'il essaie de se tenir neutre, il sera submergé.

On voit que nous émettons franchement notre opinion. S'il faut en croire les dernières correspondances, la lutte commencée entre le sultan et le pacha menace de se compliquer entre les deux grandes puissances : pendant que l'on se combat diplomatiquement à Constantinople, on se prépare à agir plus sérieusement en d'autres lieux. Les armées du roi de Lahore, maintenant au service de la Grande-Bretagne, s'avancent vers le Caboul, pour prévenir le shah, qui veut tenter de nouveau le siége de Hérat, et les Anglais, insultés dans Bushir par les Persans irrités, font venir de Bombay des troupes pour s'en emparer. Enfin, les nouvelles venues d'Allemagne ne laissent plus de doute sur de grands mouvements de troupes vers les frontières méridionales de la Russie. Cependant, comme cette puissance n'attaquera jamais avant d'être provoquée ou mise en demeure par le *casus fœderis*, il se pourrait faire que l'orage fût écarté pour quelque temps.

Maintenant, quelle attitude veut-on faire prendre à la France dans la question d'Orient? La France ne peut y paraître sans allié. Quels sont nos alliés? et comme il est reconnu que nous sommes les plus désintéressés, quelles sont les conditions offertes pour prix de notre alliance? Telles sont les questions préliminaires qui doivent nécessairement être discutées avant d'engager l'avenir de la France dans la question d'Orient. Nous croyons qu'on ne peut rien faire en Orient sans la participation commune de l'Autriche et de la Russie, comme étant les plus directement intéressées à cette question. N'oublions pas d'abord que la Turquie est à la Russie et à l'Autriche ce que l'Espagne est à la France et à l'Angleterre. On aura beau faire, il faudra toujours que l'influence française domine au-delà des Pyrénées, comme il est à peu près certain que celle de la Russie sera prépondérante à Constantinople. Dans les affaires d'Orient, comme dans celles de l'Occident, la Russie aura toujours la Prusse pour fidèle satellite; et pour peu que l'Autriche redoute le contact des gouvernements libéraux, pour peu qu'elle craigne de se voir forcée de céder vers l'Italie ce qu'elle ne serait pas certaine d'obtenir ailleurs, on ne pourra compter sur sa franche et active coopération. Car le jour où elle entrerait dans une alliance contraire à la Russie, on verrait la Prusse prendre, vis-à-vis de cette rivale, une attitude hostile et la menacer de lui enlever le reste d'influence qu'elle conserve encore en Allemagne. Il est donc fort douteux que l'on puisse former une triple alliance avec l'Autriche, malgré ce que quelques-uns en ont dit. C'est une opération extrêmement difficile dans les conjonctures présentes, et des questions extrêmement délicates qu'il faudrait soulever, des engagements positifs qu'il

faudrait prendre. Une allure si nouvelle ne convient pas à l'Autriche, habituée à attendre les événements.

Nous eussions voulu que l'on procédât tout autrement qu'on
ne l'a fait. La question d'Orient est celle qui importe le plus à
l'avenir de la France, et pour la résoudre avec quelques chances
de succès, dans les intérêts de la France, il ne fallait pas se laisser devancer par les événements avant de prendre une détermi-
nation. Il faudrait pouvoir dire à cette heure : « Nous avons une
« politique bien arrêtée ; quoi qu'il puisse arriver, nous voulons
« telle ou telle chose. Nous sommes parfaitement d'accord avec
« toutes les puissances, ou du moins avec ceux de nos alliés qui
« adoptent entièrement notre ligne politique, et si nous deman-
« dons un nouveau sacrifice au pays, c'est pour mieux confirmer
« la certitude du succès. » Mais il n'en est point ainsi.

On avoue que l'on ne s'est pas assuré jusqu'à quel point les
puissances du Nord voudraient coopérer à une demi-résurrection
de la Turquie, et, comme on se trouve pris au dépourvu, on
trouve plus commode d'adopter un ton tranchant, en menaçant
de détruire des flottes, de soulever des peuples, etc. En vérité,
si l'on tenait ce langage à Pétersbourg ou à Vienne, il faudrait s'attendre à voir l'Europe devenir bientôt un vaste champ de carnage.

Résumons nous. Il est généralement reconnu que deux grandes influences étrangères dominent la question d'Orient, qui devrait plutôt s'appeler question asiatique, et que l'agitation actuelle
est le résultat plus ou moins direct de la lutte secrète de ces influences. Ces deux antagonistes sont la Grande-Bretagne et la
Russie. C'est entre elles qu'il nous faut absolument opter, et malheur à nous, si, pour satisfaire des passions étrangères, ou sous
le vain prétexte d'assurer d'autres intérêts, désormais hors de
question, nous négligeons de ressaisir en Orient une partie du
brillant avenir que nous n'avons fait qu'entrevoir, il y a tantôt

un demi-siècle. L'alliance avec l'Angleterre n'est durable qu'à condition de lui assurer contre le Nord un ascendant actif et permanent; c'est une guerre sourde ou déclarée. Cet état d'hostilité continuelle a pour base principale les intérêts de la Grande-Bretagne, et dès que ces intérêts seront hors de danger, l'alliance anglaise nous échappera. Mais tant qu'elle durera, l'Angleterre voudra partager notre influence partout; ainsi, amie ou ennemie, nous la trouvons toujours hostile ou embarrassante. Pour nous, nous préférions l'alliance russe, comme la plus naturelle. Avec cette alliance nous reprenions notre vieil ascendant sur l'Europe. En Orient, elle nous ouvrait, de préférence à l'Angleterre, de vastes et innombrables débouchés, où notre industrie commerciale allait sans cesse puiser de nouvelles richesses. Cette alliance pouvait s'obtenir sans qu'il fût besoin de recourir à une guerre universelle; il suffisait de déployer un peu plus d'habileté qu'on n'a fait jusqu'ici.

FIN.

9 782013 189934